AF371182

RAPPORT

DE LA

COMMISSION DES MONNOYES,

*Fait au Conseil Administratif, & communiqué
à la Commission Révolutionnaire.*

Lᴀ Commission Révolutionnaire, qui avoit
été investie par les Clubs du pouvoir de
régler les objets de l'Administration Révolutionnaire ; considérant l'impossibilité de con-
sulter le Souverain dans les circonstances
actuelles, & le besoin urgent d'espèces, avoit
cru pouvoir passer outre, & faire procéder
sans délai au frap de la nouvelle monnoye.
En conséquence, elle chargea le Conseil
Administratif de faire exécuter cette fabrica-
tion, & préalablement de lui présenter ses
vues sur la convenance qu'il y auroit à con-
server ou à changer notre système monnétaire.

Le Conseil nomma une Commission, qui

en faifant préparer tout ce qui eft néceffaire au frap de la monnoye, s'occupa du fyftême monnétaire, qu'il conviendroit d'adopter.

Diverfes confidérations déterminèrent la Commiffion des Monnoyes à renoncer à notre divifion des efpèces en livres courantes & en florins.

PREMIÈRE CONSIDÉRATION.

Cette divifion n'eft pas commode.

1°. Aucune des efpèces d'or ou d'argent qui ont cours chez nous, ne contient un nombre rond de livres courantes ou de florins, ce qui amène des rompus embarrassans dans le calcul des fractions de ces espèces, & produit une perte pour celui qui paye avec ces fractions. Les pièces de trente fols & de quinze fols de France en font un exemple.

2°. Le rapport des fols courants aux petits fols eft tel qu'il ne peut s'exprimer que rarement en nombres ronds ; d'où réfulte le même inconvénient que ci-deffus. C'eft ainfi

que l'écu neuf qui vaut , argent courrant,
L. 3. 12 f. 7 ½ d. ne peut être repréſenté pa
aucune de nos monnoyes exiſtantes.

3°. Avec notre diviſion actuelle , les louis
ont trois valeurs différentes ; deux en argent
courant, ſavoir L. 14. 10 f. 6 d. & L. 14. 12 f.
dont aucune ne coïncide avec la troiſième
qui eſt de Fl. 51. Beaucoup de Marchands
reçoivent des ouvriers à L. 14. 10 f. 6 d. &
payent à L. 14. 12 f. , d'où réſulte une perte
pour ces derniers.

SECONDE CONSIDÉRATION.

Notre diviſion monnétaire n'établit pas un
rapport ſimple & commode avec la monnoye de nos voiſins.

1°. Il n'y a aucun rapport fixe & exact
entre les ſols courants, & les petits ſols d'un
côté , & les ſols de France de l'autre.

2°. Notre livre courante & notre florin
ne coïncident point non plus avec la livre
de Suiſſe.

Troisieme Considération.

Nous perdons annuellement une grande maffe d'argent qui paffe en Suiffe pour revenir en billon.

Le kreutzer Bernois ne vaut pas le fol de Genève, puifqu'il faut, dans le Canton de Berne, 160 kreutzer pour l'écu neuf, & qu'à Genève il ne faut que 153 fols pour le même écu. Cependant, en accueillant les batz de Berne comme s'ils valoient quatre fols de Genève, nous égalons le kreutzer à notre fol; nous nous contentons de 153 kreutzer pour l'écu de fix francs, au lieu de 160, & nous perdons 7 fols fur chaque écu neuf, dont nous enrichiffons ceux qui les envoyent en Suiffe, pour acheter des batz & des demi-batz qu'ils nous revendent fur le pied de 13 florins & 4 fols pour le même écu. On ne remédiera à cet abus qu'en baiffant notre billon pour l'égaler à celui de Suiffe; ou en le hauffant affez pour qu'on ne foit pas tenté de le confondre avec lui.

Pour parer à tous ces inconvéniens, dont le dernier eft majeur , la Commiſſion des Monnoyes propoſa de battre des écus égaux en valeur intrinſéque aux écus de ſix francs, de les diviſer en quatre livres, dont chacune vaudroit 40 ſols de Genève, & de ſupprimer les livres courantes & les florins.

Par cette nouvelle diviſion , la livre de Genève deviendroit égale à la livre de Suiſſe dont les quatre valent l'écu de ſix francs. L'une & l'autre vaudroit quarante ſols ; dans l'un & l'autre pays l'écu neuf vaudroit 160 ſols. Dès lors il n'y auroit aucun avantage à envoyer des écus en Suiſſe pour en faire venir du billon, parce que ce billon ne vaudroit pas plus ici que dans les lieux d'où on l'auroit tiré , & qu'il auroit à ſa charge les fraix de tranſport.

Quatre livres de Genève vaudroient ſix livres de France ; quatre ſols de Genève vaudroient trois ſols de France, ce qui établit un rapport ſimple & commode.

Les louis & les écus n'auroient pas deux

fortes de valeur, & contiendroient un nombre rond de livres & de fols.

Cette divifion monnétaire fut adoptée,
d'abord par le Confeil Adminiftatif, & en-
fuite par la Commiffion Révolutionnaire,
mais de nouvelles réflexions la firent aban-
donner.

1°. En renônçant à compter par livres
courantes, on auroit dérangé les changes de
Genève avec toutes les Villes avec lefquelles
nous foutenons des rélations commerciales;
parce que les rapports de tous ces changes
ont pour bafe la livre courante, ou l'ancien
écu de Genève; en confervant les livres courantes à côté des nouvelles, on auroit eu
deux fortes de livres dont les rapports n'auroient pû être exprimés en nombres ronds.

2°. Les Genevois font tellement accou-
tumés à compter par *florins*, qu'on auroit
beau les fupprimer, on ne continueroit pas
moins d'appeller douze fols un *florin*. Il ré-
fulteroit delà, qu'au lieu de réduire nos di-
vifions monnétaires à une feule, il nous en

reſtoit trois , ſavoir , les *livres courantes* pour les changes, les *livres Genevoiſes* de 40 ſols , & les *florins* dont il en faudroit alors 13 & 4 ſols pour l'écu.

3°. En continuant à vendre le pain à 9 ſols , 6 ſols , & 5 ſols la livre , la Chambre des Bleds ajouteroit, à toutes les pertes qu'elle fait depuis long-temps, une nouvelle perte de près de 5 pour cent ſur tout le bled qu'elle débite. Elle donneroit , en effet, liv. 26 $\frac{2}{3}$. de pain à 6 ſols , pour l'écu de ſix francs ou le nouvel écu de Genève , au lieu de liv. 25 $\frac{1}{2}$. qu'elle donne actuellement, & liv. 32 de pain à à 5 ſols au lieu de liv. 30 $\frac{3}{5}$. Pour éviter cette perte qui , dans une année comme celle-ci, monteroit à dix mille écus, il faudroit hauſſer le prix du pain ; & quoique ce renchériſſement ne fût qu'apparent, puiſqu'avec un écu on auroit toujours la même quantité de pain qu'à préſent, il ne laiſſeroit pas de faire murmurer beaucoup de gens qui ne calculent le prix du pain que d'après le nombre de fols qu'ils débourfent pour en payer une livre.

4º. Cette nouvelle divifion monnétaire feroit infailliblement hauffer le prix de tout ce qui fe vend en menu détail. Du moment que l'écu vaudroit 160 fols au lieu de 153 qui eft la valeur actuelle de l'écu neuf, le vendeur qui s'appercevroit bien vîte qu'en laiffant un certain poid, ou une certaine mefure de marchandife pour le même nombre de fols qu'auparavant, il donneroit, pour un écu, une plus grande quantité de marchandife qu'auparavant, chercheroit à compenfer ce déficit par un hauffement de prix ; & l'on connoit affez l'efprit mercantil pour fe perfuader que ce hauffement du prix excéderoit la différence des nouveaux fols aux anciens.

5º. Il faudroit retirer tout-à-coup tout le billon Genevois qui exifte. Pour cela, il faudroit avoir toute prête une quantité de nouveau billon pour remplacer l'ancien. Or cette opération déjà très-longue en elle même devient presque impoſſible par la diſette du charbon. Et ſi on laiſſoit cours à l'ancien billon, tous ceux qui en ont épronveroient une perte, & murmureroient quand ils verroient, par exemple, qu'au lieu de 51 pièces de trois ſols qu'il leur faut pour faire un écu neuf, il leur en faudroit 53 $\frac{1}{3}$ dans le nouveau ſyſtême.

La Commiſſion des Monnoyes, frappée de tous ces inconvéniens, a propoſé de diviſer le nouvel écu, & l'écu de ſix livres auquel il ſeroit intrinſéquement égal, en douze florins chacun, de douze ſols, & de battre des florins d'argent dont les douze, les fraix de monnoyage compris, vaudroient un écu.

Cette diviſion établit des rapports ſimples & en nombres ronds entre notre monnoye & celle de nos voiſins.

La livre de France vaudroit deux florins, celle de Suiſſe trois florins. Cinq ſols de France feroient exactement ſix ſols de Genève.

Il n'y auroit aucune perte à faire fur les pièces de trente fols & de quinze fols de France qui vaudroient exactement, les premières trois florins, & les autres un florin & demi.

La pièce de dix batz vaudroit trois florins, celle de cinq batz dix-huit fols, & celle de dix kreutzer neuf fols. Dès lors la valeur de nos fols s'écarteroit affez de celle des kreutzer pour qu'on ne fût plus tenté de recevoir les batz pour quatre fols, & les demi-batz pour deux fols, ce qui les feroit infailliblement difparoître de notre Territoire.

Les pièces de vingt-un fols, les anciennes pièces de vingt fols, d'un florin & de dix fols qui reftent encore dans la circulation pourroient être achetées par le Gouvernement, ou taxées proportionnellement à la valeur du nouveau florin.

Pour faciliter les plus petits appoints, la Commiffion des Monnoyes a propofé de battre un petit billon compofé de pièces de cuivre qui ne vaudroient que la huitième partie d'un fol, ou un denier & demi.

Le billon Genevois actuel n'étant plus en proportion avec le nouveau florin, devroit être retiré. Mais en attendant que les circonftances permiffent de lui en fubftituer un nouveau, il pourroit être provifionnellement confervé en le tenant proportionnellement à la valeur du nouveau Florin, au moyen des petites pièces de cuivre qui feroient battues en même tems que les efpèces d'argent.

La Chambre des Bleds pourroit fans rien perdre elle-même baiffer les différens prix de la livre du pain, celui de neuf fols pourroit être mis à huit fols fix deniers; celui de fix fols, à cinq fols neuf deniers; & celui de cinq fols à quatre fols neuf deniers.

On a objecté, contre cette nouvelle divifion monnétaire, que tout ce qui fe vend en menu détail renchériroit dans la proportion de douze Florins à douze Florins & neuf fols. On a prétendu que le vendeur qui demandoit, par exemple, un de nos Florins actuels pour une certaine quantité de marchandises, demanderoit également un des nouveaux Florins pour la même quantité. Cette objection auroit quelque fondement si le public n'étoit pas averti du hauffement de la valeur du Florin. Mais si on l'éclaire en publiant une inftruction accompagnée d'un Tarif, les acheteurs fauront auffi bien faire leur compte que les vendeurs ; & les petites pièces d'un denier & demi feront d'un très grand fecours pour faire tous les appoints.

Les Négocians, dans leurs rélations au-dehors, devront être libres de conferver la Livre courante, pour ne pas remuer les prix de tous les changes. Mais il feroit convenable de ftatuer que le nouveau fyftéme monnétaire feroit feul admis dans les comptes publics, & dans les contrats d'achats & de ventes.

On croit devoir ajouter ici que l'écu nouveau, dont le coin eft déjà gravé, porte, fur la face, une figure qui repréfente la République s'appuyant fur une colonne qui porte un méridien, & tenant un faifceau, fymbole de l'union ; derrière elle eft un foleil levant. Dans la légende on lit Répu-bLIQUE GENEVOISE. Dans l'exergue, ÉGA-LITÉ, LIBERTÉ, INDÉPENDANCE. Sur le revers eft écrit XII FLORINS ; au-deffous, PRIX DU TRAVAIL, & dans la légende, MONNOYE RÉVOLUTIONNAIRE 19 JUILLET 1794, L'AN 3e, DE L'ÉGALITÉ.

GASC SYNDIC, *Rapporteur de la Commiffion des Monnoyes.*

E X T R A I T

Des Regîtres du Conseil Adminiſtratif

Du 12 Septembre 1794, l'an 3è. de l'Egalité.

Au Conseil Adminiſtratif, lecture faite du
préſent Rapport, & de l'Extrait des Regîtres
de la Commiſſion Révolutionnaire, qui in-
vite le Conseil Adminiſtratif à le publier par
la voye de l'impreſſion, Arrété de le faire
imprimer & diſtribuer.

MOUCHON.